Siringe

PRÊMIO MARAÃ DE POESIA 2020
Livro vencedor

Siringe

Pollyana Sousa

Copyright © 2021 Pollyana Sousa
Siringe © Editora Reformatório, Editora Cousa

Editor
Marcelo Nocelli

Revisão
Natália Souza

Imagem de capa
Nithid/iStockphoto

Design e editoração eletrônica
Negrito Produção Editorial

Dados Internacionais de Catalogação na Publicação (CIP)
Bibliotecária Juliana Farias Motta (CRB 7-5880)

Sousa, Pollyana
    Siringe / Pollyana Sousa. – São Paulo: Reformatório: Cousa, 2021.
    112 p.; 14 x 21 cm.

    ISBN 978-65-88091-36-4
    "Livro vencedor do Prêmio Maraã de poesia 2020"

    1. Poesia brasileira. I. Título.
S725s   CDD B869.1

Índice para catálogo sistemático:
1. Poesia brasileira

Todos os direitos desta edição reservados à:

EDITORA REFORMATÓRIO
www.reformatorio.com.br

Sumário

9 ASSUM PRETO

11 não é aqui

12 Sousa

13 mais belos dos belos

14 aparo o tempo

15 herança

17 a-vóz

18 são milhares

19 in cômodo

20 avental de troco

21 0220

23 era um bom rapaz

24 sangrem

25 serviço

26 donzela

27 me deixe ter um dia simples

28 visíveis a olho nu

30 Cara

31 À Tula Pilar

33 canto fundo

34 drama velado

35 santo de casa

37 PAPA CAPIM
39 descobrimento
40 karma
41 desencontros
42 fuga
43 intolerância
44 luz de labirinto
45 aniversário
46 exprimir
47 louca
48 peso
49 sob aviso
50 À turma do CLIPE 2021
51 cicatriz
52 o fruto
54 senhora moça
55 perspectiva
56 auto despejo
57 a corda
58 poesia
59 aquário de segredos
60 faz

61 huma
63 torço de mar
64 preenchendo vagas

67 SABIÁ LARANJEIRA
69 folha-espelho
71 dom
72 fantasia
73 sua e sua
74 grafia
75 diário
76 conversinha
77 monalisando
78 olho de vidro
79 te ajeito a cama
80 insônia
81 crônicas de um sonho
82 repente
83 eu ancestral
84 mundo novo
85 REMA

87 SOLDADINHO DO ARARIPE
89 cricri

90 tapeçaria
91 a rede
92 olhos cerrados
93 as duplas
94 íris
95 na Bahia
96 tio Satan
97 ombreiras
98 calorosa vitamina
99 o breu da tardezinha
100 o suor sob os pés
101 foram embora os vagalumes
102 na segunda nota
103 no último degrau
104 não sei desdenhar
105 submissão
106 rec
107 VULCOR
108 POEMA SEU

ASSUM PRETO

não é aqui

aos que desistiram adoentados de morrer vivos
aos tranquilizados com dose fatal
aos perseguidos em caça níquel
às mães baianas de filhos capturados
aos insalubres esportivos
aos eres punidos em terra santa
às amantes de cama de chita
aos soldados chumbados em bala
com lamento e amparo
a morte é a maior diáspora.

Sousa

ousas

trocar meu sobrenome

mudar minhas letras andantes

perder meu dente de leite

mais belos dos belos

quem quer ouvir lamúria de preto?
bonito é o contraste do sorriso branco
o dom do maldito
a arte do aprisionado

quem quer ouvir lamúria de preto?
excitante é a força do forçado
a dança do bobo
o cortejo dos rejeitados.

aparo o tempo

já na altura da idade de crista
minha existência tem sido desistências
lembro-me do meu primeiro manjar
suor de mãe em composto lácteo
imaginal, transformando dor em sustento
talvez as asas penosas atrasem o voo

herança

novelo de mãe
passa de filha para filha
filas

mãos pequenas
recebem a ponta da linha
emaranhada, frágil

sem instrução
reage ao nó
faz o que o mundo diz
xinga, sopra, puxa

enfurecida
descarrega cólera
cansada, lamenta
pede por deus

lembra que é de mãe
procura nas gavetas

desiste

pega a lâmina afiada

desiste

descarta

emaranha um novo novelo.

a-vóz

fruto de desarvoramento
não conheceu seus pais
não conheceu seus filhos
não se conheceu

feitio de ama, herdado sem papel
de pouco seio, tornou-se úbere
azada a sorte de ser mãe, tal como se espera
doou um pedaço de si para cada cria

repartida em quinze
reunida em caixa
dor ancestral
culpa cristã.

são milhares

põe abaixo a assinatura de Isabel
de que vale letra se há palavra falsa
estamos soltos, mas não em liberdade
desprendidos do barro, costelas marcadas
apagada a cor com corretivo branco
coroa de torço sobre pescoço arcado

in cômodo

sou incômoda ao seu espaço
chega pra lá, tá me apertando
meu tamanho de gente
medido em massa
torna presença
de elefante branco

eu saio do plano
te dou mais conforto

você sem-te falta
do aperto banido
castelo é mansão
por mãos a palmadas

de volta
re(cinto)
teu nojo
polido

avental de troco

vesti meu avental de troco
guardei minha folha
de valor raro
limpei os dedo
de jaca dura
tampei
o buraco da saia
apoiei a bacia de fava
sacudi migalha
da comida fria
tombei em nadô
cá caixa de coentro
subi a ladeira
co volante antigo
mia fia,
se tu subesse
dos troco que eu levo todo dia

0220

I

no fundo
a gente
não quer
tomar a frente de assalto

quando eu
abro o peito
sem coletes
deixo a bala somente na língua

vou descer na Ribeira.

II

cara, não vai dar
com essa cara
e sem pagar
já sinto o cheiro do rojão

cada degrau
acima do xadrez
eleva o meu parquê
porque

vou descer na Ribeira.

era bom rapaz

toca o desperta dor
às seis da manhã
leio a sorte
nas linhas do jornal

sangrem

sangue dentro vivo
sangue fora morto
sangue de casa
sangue
sangue de fora
sangrem

serviço

na estante
livros de receitas
ordens austeras
de passo a passo na cozinha
andadas silenciosas
pernas em pé
panos quentes sobre a boca
fogão acesso
uniformes
pepinos e batatas
grito
pressão contida
abre a panela
transpira
serve em prantos de mesa vazia.

donzela

em tua cozinha sou criança faminta
ainda que te alimente os bagos
teus culhões de donzela
tuas calças de seda

me deixe ter um dia simples

ostentando pelos selvagens
desceu a ladeira feroz por pão
quente
apressado por um preço
justo
da última moda em delicatesen
avistaram-no assim, trajando vontade

ainda sem o saco álibi
olhares pinicavam sua pele
continuou o caminho se coçando
se coçando
se coçando

não queria mais pão
chegou com fome de alívio

visíveis a olho nu

esse estado

lugar

de invisibilidade

em que estamos

é

majestosamente

monumental

categoria

ocupada

por mentes geniais

vivo

na

invisibilidade

de

plurais

singulares

e por tanto

compõem

um
espaço
premiado

gabo
minha origem
e não
estou
só.

Cara

querida, Carolina
leio tuas palavras
e te reconheço

paramos no mesmo sinal
vermelho sangue
amarelo tensão
verde folhas.

À Tula Pilar

gente de fibra

o arame não corta
cerca todo o nosso corpo

                    preto
tem uma farpa em seu dedo
pele morta de madeira
o campo descentra-nos
em retalhos
e os diários viram samba
ah! que bonito seu vestido rodado
um sopro de vidro
quente

                    preta
quebraram tuas louças perenes
e só o plástico passeia
o corte cavado do papel
derrama água de beber
exílio

textos foram rasgados, amassados, pisoteados
e a casca ovípara
vive

Poder e voz para as mulheres negras!

canto fundo

mergulhei
pro-funde-zas
em comum

in comuns
assum-cederam

me orgulhei
das lágrimas
do Congo

atravessando
caminhos
de margem

drama velado

não me permitem falar de amor
ou escrever bobagens
assim, como uma guria qualquer
tagarelar de minhas abobrinhas
sem deixar escorrer coriza pelo nariz redondo
sem mostrar o dedo faltante da mão que escreve
sem ralar a perna que queda no asfalto
sem o cheiro de fim amargo
longe de teu drama expressivo
tu és só uma preta
em drama velado

santo de casa

ô santo coloridão
tá vendo aquela mira?

entorna o cano, ô santo
tapeia eles

troca a bala por mamona, ô santo
tampa a sanga com o dedo, santo

tapeia eles
pega o atalho da direita, santo

chega mais cedo!
tapeia eles

cobre a casa com um manto, santo
tomba a sina dele

não desce aí não!
corre daí

aperta o passo, santo
foge do meio
no peito, não, santo
acerta ali
aponta nele, santo e não no eu
não tropeça!
foge da tropa, santo
tapeia eles
não sobe pro céu, santo
tapeia eles

PAPA CAPIM

descobrimento

busquei o que dizem ser poema
o meu
sem dizerem que é
não poesia.

busquei o que dizem ser vida
a minha
sem dizerem que é
não vidaria.

karma

foram nove meses sem saber se era cárcere.

desencontros

três cenas de parto me cortam a estrada
de minha vó
um terço
de minha mãe
um quarto
de mim
metade

fuga

menina presa em grades de desânimo
não foge

foste criança morando onde sonhas
mente envelhecida por grilos

correndo em labirintos
a chave é corpo estranho por dentro

desconsolo

na porta do quarto
não tem saída
é permitir culpa
adentrar janelas de ira

saltar no tempo
parecia solução
mulher presa em grades de desânimo.

intolerância

ao leite
ao peito
ao ventre

luz de labirinto

a transparência da puridade
cresce vulgar

o opaco das incertezas
retoma a estranheza da infância

desconhecido medo, qual hora certa de bradar?
são tantos lados

angústia
a surpresa nunca mais será encanto.

aniversário

a casa deita-se sob meus lençóis
dividimos um leito berço de criança só
eu cuido dela
troco as calças calço os pés
e quando amanhece completo mais um ano

a casa deita-se sob meus lençóis
dividimos uma cama berço de criança só
ela cuida de mim
toca o seio sobe a saia
e quando amanhece eu sou mais mulher

a casa deita-se sob meus lençóis
dividimos um Deus berço de criança só
e o Deus cuida de nós
levanta as paredes refaz o teto
e quando amanhece eu não sou eu

exprimir

o corpo responde
ao pedido de cale-se

tu humor
de quina
que apanha
calada
e pede desculpa.

louca

alocada a figura problema
baixa energia, campo minado
demanda paciência, provoca apatia
princesa corcunda, criada em palha
arte en-caixa preta em queda livre.

peso

meu peso
golas rolês
pomposas
felpudas
em dia de sol

agasalhar-se nesse calor
é proteger os calafrios
dessa garganta
cálida

sob aviso

não diz que encontrou algo errado em mim
desci as escadarias gritando fogo
não perguntastes se fui a heroína
que alarmou o incêndio
ou a meliante que provocara as chamas
se permanecesse ali, seria inevitavelmente vítima.

À turma CLIPE 2021

todos os caminhos levam à sarjeta
a chuva deita e rejeita o céu
o sangue corre dos pulsos vivos da moça
Maria chora e solta a mão de Madalena

redemoinhos em caldeirão
misturam um turvo chumbo bafio
folhas secas de país-brasa
adivinha o feitio do elixir

não sobra tempo de contar as quadras
em cada cara falta a foz do riso
paletas de maio
vermelho amargo
preto horror
preto horror

um pano de chão que era de casa
virou rua
e se escorava meio a grama molhada
do canteiro de esquina.

cicatriz

suspeito que tenha doído
esse teu corpo marcado
já são tantas as cicatrizes
que mal consigo ver teu imo

tão jovem
rugas de c(idade) hostil
a cada esquina
arranhão de mudança

de um corte profundo
costura pedra sobre pele
cissura de alma aberta
corpo fechado no alento.

realidade
real idade
realidade
real idade

o fruto

é verdade o que dizem sobre o fruto
ao cair, por madureza, podridão ou força maior.
contudo, seu destino traçado é um mito.

às vezes ali caído
alguém passa e o entrega um lar
faz um belo e delicioso doce
come a casca nutrida de fibra
rega a semente em terra nova

deves ou no ponto de colheita
há quem enxergue arte
pintura realista
ilustração infantil
fotografia premiada

adorne talvez a mesa farta
de uma família abastarda
ou matando a fome
em casa de taipa

porém, como em qualquer pura natureza
em ato ríspido e orçado
há quem carregue o fruto consigo
ainda novo, em grama verde
para que apodreça em tempo
sob seus olhos de gozo.

senhora moça

entre as
páginas
      de um livro antigo
não haveria
      melhor lugar
para te perder
hábito juvenil
      flor
em obra póstuma

perspectiva

no retrato da sala
sentada na cadeira de balanço
protegida em molduras de tempo
quem me dera o silêncio da dúvida
ser parede ou quarto inteiro.

auto despejo

na casa dos vinte
pedi despejo de mim

as janelas
sempre sujas
de sereno do tempo

as portas rangendo
por falta de fluido

a claraboia do teto
escondida
por musgos

o jardim
no despelo
era visto a secura.

a corda

        vivi   n
        a   cor
        da   ba
        mba   a
        c o r d a
        na   jan
        ela e eu
        b a m b a .

poesia

só haverá de ter
um motivo
desduído
para tamanho sofrimento.

aquário de segredos

que triste a queda do seu aquário, Carol
ele que nem chegou a ser casa de peixe
mas poderia ser
foi embora tão seco
mas foi bom saber que você tem lágrimas
nunca tinha te visto chorar
depois do seu aquário quebrado
quero te contar um segredo que carrego:
eu uso sutiã.

você quer usar também?

faz

de toda sorte
carrego um ponto cego

espaço de improviso
sem mim ou ás

uma apenas uma
faz
mais e mais
apenas faz

huma

não podes ouvir quando tranco os dentes
dentro da boca há um laço vermelho
enfeita o mágico cúbico
        ovular

pronta, refazendo o perfeito
longe de inícios e pontas
perto do nó, do peito, do meio
        medular

terra de pés, impus os ombros a plantar
e a parte, ainda pobre, ainda parte
recomeça em dois
        mórula

dá-se um laço ao postal
descobre onde dobra as dobras do nu
e carea os troncos em torço
        voltejar

posso andar envolta a sussurros
ouvindo as vidas que me tiram
e se atiram sobrevidas
      [sobre nós]

torço de mar

o passo rasteja sobre linhas do passado
nos meses fevereiros em praias e mangues
furtacor é o tom do teu cabelo

seco e sol

afina o fio sobre os ombros e
quase corta a onda do pomar de murici
barrigas cheias d'água e cor
preto, amarelo e quase preto
mostram as cabeças na crista
fogem do fundo e do céu
contra e azul cristalino vítreo
retiram e devolvem o sal

preenchendo vagas

I

queria um livro com capa de vinil, eu e meus dois filhos de cabelo bagunçado, eles, sentados no tapete da sala, eu, com uma taça na mão, encantada com as vidas dentro de casa, esquecendo as vidas do lado de fora, comendo uma invenção de cozinha que talvez seja citada nos livros de receitas desses meus meninos.

II

um livro-vinil, com lado b e lado a. O b seria o recomeço e cantaria em poesia as desonras e lamúrias da carne antes do amor chegar, da topada ao tapa na cara, do descuido à perda total das sobrancelhas, do olhar tristonho, aos dias perdidos na cama. Teria uma faixa silêncio, só silêncio, uma folha em branco, quase um outro livro dentro do vinil e nas quebras de linha poderia ouvir ao fundo, no silêncio a quebra, a linha calada quebrando em si mesma, arrematando o fim.

III

meu outro lado seria meio Piaf, uma versão negra, salientando os efes de outra eu. sem os louros, os bolsos e as tardes diluídas em chá.

IV

não me arrependo de nada, talvez somente de não ter virado o disco.

SABIÁ LARANJEIRA

folha-espelho

os pés são de graúna
ave jovem cantoril

fêmea
esconde o falo ao posar em flor
preto ela preto ele
retinta os olhos de verniz

a-boca-nhá de meretriz
não deixa o verbo envelhecer

nos sentidos do não
serve maçãs inteiras
sem a prova de Eva
com o pomo de Adão

acende a casa
preguiçosa

em carga feita

a poucos fios

conta os traços da folha

reconta o cronos num triz

dom

atrás de mim
tinta fresca
grafite apontado
palavra em ritmo
vida em ângulo
passado em lente

meu corpo não livre
encara a penumbra
acende luz branca
dilata pupila
apaga num susto

fantasia

frequentemente, calor
primordialmente, boca
coincidentemente, certeiro
pontualmente, meu

sua e sua

a sua

sua

e treme

tre me li ques

es

pa

lha

dos

meu corpo-cristal

que bra do

es ta li do

ao acaso

reagindo

ao teu

grafia

carrego nome de livro
tropeço em histórias
contudo, adianto
tomando
        topadas

como palavras letras
na fome do dizer
mastigo a calma
        regodigito
sirvo re-feição
de cara-minhocas
na cabeça.

diário

palavra muda
aflora em partes
troca de pele
divisa sentidos.

conversinha

no passeio
a proximidade do teu parapeito
me convida a uma conversa de rua
conto do contratempo
um vendedor de conta
ao me confundir com turista
ofereceu-me Iemanjá em cores de Bahia
subiu vermelho
saí caçando com quem dividir
vi costas de muralhas simpáticas
mas parar mesmo não senti que devia
então, te avistei na privacidade de fora
trouxe algo só meu
divã de ladrilhas

monalisando

o sorriso confunde o leitor
a tristeza é escancarada
plausível, possível
olhos tristes em dia de festa
dia ruim, vida difícil

sorrisos inoportunos
dão o tempo do escape
a atenção do intrigado
intragável, artístico
monalisando tua tez
maluca.

olho de vidro

ganhou de presente
ainda pirralha
um olho de vidro
postiço

não enxergava nada
desenho mal feito
ar de bugiganga
oco

valia tão pouco
tal cunha de enfeite
por dentro era
apoio seguro

crescida, cansada
o olho faz falta
enxerga por olhos
de alma.

te ajeito a cama

há poucos gestos mais lindos
do que ajeitar a cama
para o sono do outro

revive momentos de cuidado
a cama feita
depois do banho que alivia a febre

o colo de pano
do amor atento
aconchego dobrado
em tecido de mimo
ovelha garrada
em coberta de lã

insônia

a cama dorme de bruços
dorso ao alto, pés para o chão
quadrupede, é domada às vezes por força
quando en(contra) o ritmo da trotada
desmantela qualquer peão

crônicas de um sonho

atenção, rapaz
direi palavras românticas
terás cinco segundos para começar a assoviar
valendo agora
tenho sonhos com você

ontem mesmo me vi morando
em uma casa sem telhas
garoava

dia desses o nó do meu balanço
preso em árvore
desatou
caí sobre folhas de boldo

em soneca vespertina
troquei olhares com Amelie
meu primeiro beijo entre iguais
falávamos tão bem a mesma língua
quase não senti o jet lag.

repente

antes de tudo
me respondas
ao chegar
nesse teu esconderijo
chamo por teu
nome
ou recorro
a sirenes?

para lhe se
cincerro
prefiro o silêncio
chegue manso.

eu ancestral

marital
esquema
solo
ouvidores
de um tempo eu
marca dores
genéticas
e curas
congênitas

mundo novo

degolar somente o topo do velho
desvair no porvir de um tempo
desviar espelhos testemunhas

pés sementes um broto
caule seco verde dentro
mundo novo

descabeças sem tronco
abrotar cócegas do prelúdio
esculpir bustos em pedra macia

abrir fecho da carne nua
pingar leite onde desconhece o choro
tocos de gente

REMA

I
a luta não cansa [mais]
não desfaz os ócios nos pequenos lares
não gagueja a letra celibata
resta a sopa, agora sem pedras, pura sopa.

REM

II
ignore o meu porre a essa hora da tarde
não conto mais as horas desde aquele mês de março
estarei pronta acaso desapareçam os brotos
que viera buscar
resta[rá] o fim às gargalhadas.

SOLDADINHO
DO ARARIPE

cricri

ao menos um medo o poeta não deveria de ter
a escassez de inspiração
do seu olhar de nada se cria tudo
os ouvidos captam pio e gota

tapeçaria

algumas cores de tricô
apara a pisa do pé d'água
recusa a brecha da peçonha
tapeia o cisco do chão batido
arruma a tábua pr'uma madeira pura

a rede

tem daquelas de
descanso
para alguns é até melhor a dormida

teias de abraço quente
aconchego

balanço de neném
avoo de criança

às de pesca
tarrafa
arrastando milagre
em malha fluvial

o cerco de amigos
em circo de graça
laçando confete
lacrando conflitos

olhos cerrados

mata fechada
de sertões
não se-cura
danos no
pais-agem
sem seiva
m-olhada
separa
óleos d'àgua

as duplas

nas pontas dos cabelos
sertanejas
papagaios românticos
gêmeos (par)idos
portas de interrogação
corcundas dos camelos
monogâmicos fora de moda
lentes dos míopes
janelas da cara
left or right
ouvidos zum(bi)dos
gêneros falidos
faces do ímã
múltiplos de dois

íris

em beira
olhos
maçaneta
abres a porta
espreita

aponta
sobrancelhas
sobes
abres um guarda chuva
segura lágrimas

desce
maçãs
do rosto
colhe
cata
procura

na Bahia

uma orquestra
de atabaques
sob regência
de madeireiro

tio Satan

como diz o
diabo popular
deus ajuda
quem cedo madruga.

ombreiras

está em voga
a moda que enfeita
ombros
robustos
dei de ombros.

calorosa vitamina
que entrega o d
de boca em boca

o breu da tardezinha
nas frestas curiosas
de olhos negros a par

o suor sob os pés
na terra molhada
no cheiro de fuga

foram embora os vagalumes

as noites passeiam

no escuro

na segunda nota

oiràrtnoc

no último degrau

                        d

                             i

                                 s

                                       traído.

não sei desdenhar.

       q   e
        u
      nojo

          ficou péssimo!

submissão

submissão
dos meus textos

submissão
dos meus papéis
aos olhos
de classe
a-alt

rec

é só um recado.
    ok.

não precisa filmar.
    ok. continue falando.

não precisa filmar o recado
é só um recado.
    ok. vamos continuar daqui.

pode enquadrar um pouco mais à direita?
não.

...
você gravou?
    o quê?

VULCOR

        ROS   A
           N
    AS(SI)BILO
    VUL   CÃO

         EN
     QUANTO
ENCABEÇA VERMELHO
  TANTO DANÇA
  QUANTO LANÇA

POEMA SEU

ME RECUSO SER
              E
              ME RELUTO
              MORIBUMDO
                          o
                             o
                                o
                                   o

Esta obra foi composta em Walbaum Text
e impressa em papel pólen 90 g/m² para a
Editora Reformatório, em outubro de 2021.